J'observe les OISEAUX

les reconnaître ★ les comprendre ★ les protéger

Texte de Michel Luchesi
Illustrations de Maud Bihan

rusti'kid

Fleurus éditions – 57, rue Gaston Tessier – 75166 Paris Cedex 19 – France
Dépôt légal : octobre 2024
Loi n° 49-956 du 16 juillet 1949 sur les publications destinées à la jeunesse,
modifiée par la loi n° 2011-525 du 17 mai 2011
www.rusticaeditions.com

Sommaire

OBSERVE LES OISEAUX DANS TON JARDIN

Le jardin est un endroit privilégié pour observer les oiseaux. Certaines espèces y viennent régulièrement, quelques-unes de façon occasionnelle et d'autres pas du tout.

Le jardin idéal

Il suffit de peu de choses pour qu'un jardin se transforme en oasis. La plupart du temps, les oiseaux viennent parce qu'ils y trouvent de quoi se nourrir et s'abreuver et un endroit pour s'abriter. Si ton jardin communique avec la campagne environnante, un plus grand nombre d'espèces seront présentes, surtout si la végétation est diversifiée, avec des arbres et divers végétaux.

Buffet à volonté

Pour attirer les oiseaux, fabrique une ou plusieurs mangeoires et places-y de la nourriture. Tu peux aussi disposer des plats remplis de graines ou de morceaux de fruits dans ton jardin, sur ton balcon, ta terrasse, ou sur le rebord d'une fenêtre.

De l'eau pour boire

La nourriture ne suffit pas. Les oiseaux ont besoin de boire. Si les insectivores et les frugivores trouvent de quoi s'hydrater dans leurs aliments, ce n'est pas toujours le cas des granivores. Un point d'eau (mare peu profonde, ruisselet, fontaine, vasque...) leur sera bien utile été comme hiver. Certains s'y baigneront.

Des nichoirs pour se reproduire

À la saison des amours, les oiseaux cherchent des endroits pour se reproduire. En installant des nichoirs dans ton jardin, tu leur faciliteras la tâche. Comme pour les mangeoires, tu peux facilement les fabriquer ou t'en procurer dans le commerce.

QUAND NOURRIR LES OISEAUX ?

En hiver, les oiseaux ne trouvent pas facilement de la nourriture. C'est donc le moment idéal pour les aider. Il faut le faire de façon régulière afin qu'ils ne soient pas pris au dépourvu, jusqu'au printemps où ils pourront subvenir à leurs besoins tout seuls.

OBSERVE LES OISEAUX DANS LA NATURE

À la campagne, tu auras l'occasion de croiser un grand nombre d'oiseaux, mais ils sont craintifs et souvent très mobiles. Voici quelques conseils pour mettre toutes les chances de ton côté.

La bonne façon de faire

Les oiseaux se méfient de l'homme. Si tu t'avances vers eux trop rapidement, ils prendront la poudre d'escampette. Pour ne pas les effrayer, approche-toi très lentement, sans faire de gestes brusques, tout en conservant une certaine distance. Progresser au niveau du sol te permettra également de moins les inquiéter.

Se tenir prêt

Un moyen encore plus efficace pour ne pas se faire repérer est de se camoufler près d'un endroit fréquenté par les oiseaux, un point d'eau ou un bosquet, par exemple. Cache-toi derrière la végétation, ne bouge plus et reste silencieux. Tu verras certainement passer des oiseaux.

Les bons outils

Des jumelles sont bien utiles pour observer les oiseaux. Choisis-les légères, avec un grossissement de 7 ou 8. Pour voir de très loin, rien ne vaut une longue-vue fixée à un trépied. Elle te permettra, par exemple, de scruter des falaises où certaines espèces viennent nicher.

ASTUCES DE PHOTOGRAPHE

Les photographes animaliers ont plus d'un tour dans leur sac pour approcher les animaux sans se faire voir. Certains se cachent dans des filets de camouflage. D'autres revêtent une tenue mimétique pour se fondre dans le décor.

LA BERGERONNETTE DES RUISSEAUX

La bergeronnette des ruisseaux se remarque facilement au bord de l'eau, lorsqu'elle sautille de pierre en pierre pour rechercher sa nourriture.

PEDIGREE

Nom latin : *Motacilla cinerea*

Famille : Motacillidés

PETITES HABITUDES

Chant : sonore et varié, avec gazouillis et trilles.

Période de nidification : avril à août.

Forme du nid : structure herbeuse en forme de coupe, dans le trou d'un mur ou d'une berge, entre des racines.

Habitat : proximité des milieux aquatiques.

MENSURATIONS

Taille : 18-19 cm

Envergure : 25-27 cm

Poids : 15-22 g

★ Son portrait

Le corps très caractéristique de la bergeronnette des ruisseaux se termine par une longue queue noir bordé de blanc. En période de reproduction, le mâle arbore des couleurs magnifiques (ventre plus ou moins jaune, dos gris cendré) et une bavette noire. La femelle est moins colorée, mais reste cependant très belle. Chez les deux sexes, tu observeras des sourcils blancs.

Sa silhouette est très gracieuse.

Son plumage présente de belles couleurs.

★ Son comportement

Craintif, cet oiseau ne se laisse pas approcher facilement. On croirait qu'il a des yeux derrière la tête. Un pas de plus et il disparaît. Tu auras cependant le temps de remarquer qu'une fois au sol, il remue la queue de haut en bas en permanence pour garder son équilibre.

Remarque la longueur de la queue !

★ Son alimentation

Le menu de la bergeronnette des ruisseaux se compose d'insectes et d'autres petits invertébrés capturés en plein vol ou sur le sol.

Ses pattes sont rosées.

★ Le sais-tu ?

Les deux parents s'occupent de leurs petits, en faisant des allers-retours pour les nourrir. Ils se relayent également pendant la couvaison.

Bien au chaud !

En automne et en hiver, les bergeronnettes des ruisseaux vivant dans les montagnes descendent vers les plaines pour s'abriter du froid, tout en recherchant la proximité de l'eau.

LE BOUVREUIL PIVOINE

Plutôt discret, le bouvreuil pivoine passe souvent inaperçu, sauf en hiver, lorsque le froid le pousse à fréquenter les mangeoires.

PEDIGREE

Nom latin : *Pirrhula pirrhula*

Famille : Fringillidés

PETITES HABITUDES

Chant : sons rauques et notes sifflées.

Période de nidification : avril à juin.

Forme du nid : coupe de brindilles garnie d'herbe, de mousse et de poils.

Habitat : bois, fourrés, bocages, parcs et jardins, vergers.

MENSURATIONS

Taille : 15-16 cm

Envergure : 22-25 cm

Poids : 22-27 g

Son portrait

Le mâle bouvreuil pivoine a un manteau gris cendré. Poitrine et gorge sont rouge orangé, alors que le croupion est blanc. Sur les ailes noires (couleur que l'on retrouve sur la queue), tu remarqueras une barre gris clair, sur la tête un capuchon noir. La femelle se distingue par des teintes plus ternes : ventre brun-beige, dos gris-brun.

Son comportement

Pendant la saison des amours, le mâle arbore les couleurs de sa poitrine et sautille vers la femelle qui adopte un comportement similaire. Les deux partenaires s'adonnent alors à une danse bien étrange. Avant la construction du nid, le mâle fait des offrandes (brindilles, nourriture) à la femelle.

Sa silhouette est trapue.

On a l'impression que l'oiseau n'a pas de cou.

Son alimentation

Le bouvreuil pivoine adore les bourgeons et les jeunes pousses, mais consomme également des graines et de petits invertébrés.

Son bec est conique.

Le sais-tu ?

Les deux parents assurent le nourrissage des petits, mais c'est la femelle qui construit le nid. Le mâle l'accompagne lors de ses déplacements et reste attentif à ses allées et venues.

Son œil se fond dans le noir de la calotte.

Un oiseau craintif

Le bouvreuil pivoine est un visiteur occasionnel des mangeoires. Il les fréquente parfois pendant les hivers rigoureux, pour assurer sa survie. Dès qu'un danger se présente, il prend la fuite.

LE CHARDONNERET ÉLÉGANT

Son nom n'est pas usurpé. Les couleurs de son plumage et les tonalités de son chant donnent beaucoup d'élégance à ce chardonneret.

PEDIGREE

Nom latin : *Carduelis carduelis*

Famille : Fringillidés

PETITES HABITUDES

Chant : musical et varié, avec des tonalités liquides.

Période de nidification : mai à août.

Forme du nid : petite coupe composée d'herbes sèches, de radicelles, de mousse, de lichen et de toiles d'araignées.

Habitat : milieux où poussent les chardons, bosquets, terrains vagues, parcs et jardins, vergers.

MENSURATIONS

Taille : 12-13 cm

Envergure : 20-24 cm

Poids : 14-18 g

★ Son portrait

La tête du chardonneret élégant présente un bel assortiment de couleurs : rouge vif, blanc, noir... Le bec, blanc rosé, a le bout sombre. Les ailes sont noir et jaune, tandis que le dos, les flancs et une partie de la poitrine présentent des nuances de marron et de fauve. Le ventre est plus pâle et la queue marquée de blanc. Mâle et femelle se ressemblent.

Les couleurs de sa tête sont caractéristiques.

La forme conique et pointue de son bec est typique de celle des granivores (oiseaux qui mangent des graines).

★ Son comportement

Quand il se nourrit, le chardonneret passe d'une plante à l'autre pour prélever les graines. Parfois, tu le verras la tête en bas. Tout aussi étonnant, son habileté pour extraire les graines du chardon, sans se piquer. La forme de son bec est particulièrement bien adaptée à cette tâche.

Déployées, ses ailes montrent une large bande jaune.

Sa queue noire est légèrement fourchue.

★ Son alimentation

Le chardonneret apprécie surtout les graines des plantes herbacées, comme le chardon, et capture également des insectes et d'autres petits invertébrés pour nourrir ses petits.

★ Le sais-tu ?

Le nid du chardonneret est difficile à repérer. Les parois extérieures sont recouvertes de brindilles, de mousse ou de lichen, ce qui fait un excellent camouflage.

Vive la liberté !

Autrefois, le chardonneret élégant était piégé pour alimenter le commerce des oiseaux de cage. Triste sort pour un animal sauvage ! Aujourd'hui, il est protégé.

LE CORBEAU FREUX

Cet oiseau est fréquent à la campagne et il n'hésite pas à s'aventurer près des maisons où il se fait vite remarquer par ses croassements.

PEDIGREE

Nom latin : Corvus frugilegus

Famille : Corvidés

PETITES HABITUDES

Chant : croassements avec des intonations variables.

Période de nidification : mars à juin.

Forme du nid : coupe volumineuse de branchettes renforcée de terre et garnie de brindilles, herbes sèches, mousse et feuilles.

Habitat : champs et prairies parsemés d'arbres et de bosquets, terres cultivées, parcs, proximité des agglomérations.

MENSURATIONS

Taille : 41-48 cm

Envergure : 81-94 cm

Poids : 370-520 g

★ Son portrait

La robe du corbeau freux, entièrement noire, renvoie des reflets bleuâtres et violets. Le bec est puissant et laisse entrevoir une base dénudée de couleur blanchâtre. Ses pattes robustes, dont le haut est couvert de plumes, sont noires. Il n'y a pas de différence entre le mâle et la femelle.

Sa robe est noire.

★ Son comportement

Grégaires, les corbeaux freux se déplacent et nichent en bandes importantes. Ils ont développé des comportements sociaux étonnants. Parfois, les oiseaux s'amusent à lâcher et rattraper des objets en plein vol. À quoi correspondent ces jeux aériens ? Mystère et boule de gomme ! Ce qui est certain, c'est qu'ils ont un cerveau bien développé.

Le sommet de sa tête part légèrement en pointe.

Une peau blanchâtre apparaît à la base de son bec.

★ Son alimentation

Le corbeau freux mange des graines, des larves, des vers, des insectes, mais aussi des petits rongeurs. Parfois, il se contente d'une charogne.

Des plumes retombent sur le haut de ses pattes.

★ Le sais-tu ?

Parfois, tu verras des colonies importantes de corbeaux freux dans les champs cultivés. Que font-ils donc ? Ils picorent des semences ou se délectent des lombrics déterrés par les labours.

Pas bête !

L'intelligence du corbeau freux est remarquable. Des éthologues (personnes qui étudient le comportement des animaux) ont mis en évidence la capacité de cet oiseau à utiliser des outils. Ainsi, un spécimen maintenu en captivité est parvenu à faire un crochet avec une brindille pour saisir de la nourriture.

L'ÉTOURNEAU SANSONNET

Comme le pigeon et le merle, l'étourneau sansonnet s'est très bien adapté à la vie urbaine. À la saison froide, le soir, tu en verras beaucoup se rassembler dans les arbres.

PEDIGREE

Nom latin : Sturnus vulgaris

Famille : Sturnidés

PETITES HABITUDES

Chant : mélange de sifflements, cliquetis, gloussements et imitations de chants d'oiseaux.

Période de nidification : avril à juillet.

Forme du nid : herbes sèches et autres matériaux grossièrement assemblés dans une cavité.

Habitat : bois, zones agricoles, champs, parcs et jardins, milieux urbains.

MENSURATIONS

Taille : 19-21 cm

Envergure : 37-42 cm

Poids : 75-90 g

★ Son portrait

Le plumage de l'étourneau sansonnet varie selon les saisons. En période nuptiale, il est plutôt noir, avec des reflets verts et pourpres. Son bec présente alors une belle couleur jaune (base gris-bleu chez le mâle, rosâtre chez la femelle). En automne et en hiver, le plumage se constelle de points blancs et le bec devient sombre.

Sa silhouette rappelle celle du merle.

★ Son comportement

Cet oiseau est très connu pour le spectacle qu'il offre en vol, en automne et en hiver. Des dizaines de milliers d'individus forment des nuages sombres dans le ciel. Ils suivent tous le même mouvement et ne s'arrêtent qu'à la nuit tombée pour rejoindre leurs dortoirs.

Son bec est effilé.

Ses ailes sont triangulaires.

★ Son alimentation

L'étourneau est vorace et mange un peu de tout : larves, insectes, mollusques, vers de terre, graines, baies et fruits.

Sa queue est courte et carrée.

★ Le sais-tu ?

Les étourneaux aident les ruminants à se débarrasser des parasites. Ils se posent sur leur dos et picorent les petites bêtes qui s'y trouvent.

Un grand imitateur

L'étourneau est très doué pour imiter le chant des autres oiseaux, mais aussi les bruits de la rue : klaxon, alarme, aboiements du chien...

LA GRIVE MUSICIENNE

La grive musicienne appartient à la même famille que le merle noir : les Turdidés. Comme lui, elle est très douée pour le chant.

PEDIGREE

Nom latin :
Turdus philomelos

Famille :
Turdidés

MENSURATIONS

Taille : 21-23 cm

Envergure : 33-36 cm

Poids : 65-90 g

PETITES HABITUDES

Chant : série de notes musicales et variées, avec de brèves pauses, imitations de bruits et d'oiseaux.

Période de nidification : mars à juillet.

Forme du nid : coupe d'herbes sèches et de brindilles garnie de boue.

Habitat : milieux boisés, zones cultivées parsemées d'arbres, haies, bosquets, parcs et grands jardins.

Son portrait

Le dos, les ailes et la queue de la grive musicienne sont de couleur brune. Les flancs et la poitrine sont beiges, avec des taches sombres en V inversé. Un cercle oculaire de couleur claire entoure les yeux. Les pattes sont rosées.

Le dessus est brun, le dessous tacheté.

Ses joues sont striées.

Son comportement

La grive musicienne est l'exemple type de l'oiseau capable d'utiliser un outil pour se nourrir. Pour extraire la chair des escargots, son repas préféré, sa technique est imparable : elle saisit la coquille dans son bec et la brise sur une pierre ou un rocher.

Un cercle entoure ses yeux.

Son alimentation

Vers de terre, mollusques, insectes, chenilles, baies et fruits sont au menu de la grive musicienne.

Sa queue, assez longue, a une forme carrée.

Le sais-tu ?

Pour faire son nid, la grive commence par construire une base de brindilles enchevêtrées, puis elle recouvre soigneusement l'intérieur de boue qu'elle lisse avec sa poitrine.

Concert gratuit

Lorsqu'elle se met à chanter, la grive musicienne semble si occupée que rien ne la dérange. Tu pourras l'observer de longues minutes avant qu'elle prenne son envol. C'est particulièrement vrai dans les parcs où elle est habituée à la présence de l'homme.

LE GROSBEC CASSE-NOYAUX

Souvent dissimulé dans les arbres, cet oiseau n'est pas facile à voir. D'autant plus que son chant n'est pas démonstratif. Seuls ses cris peuvent être explosifs.

PEDIGREE

Nom latin : *Coccothraustes coccothraustes*

Famille : Fringillidés

PETITES HABITUDES

Chant : peu musical et discret, avec des notes aiguës.

Période de nidification : avril à juin.

Forme du nid : coupe de brindilles, de lichen et de mousse garnie d'herbes sèches, de poils et de crins.

Habitat : forêts de feuillus, bosquets, parcs et grands jardins, vergers, oliveraies.

MENSURATIONS

Taille : 16-17 cm

Envergure : 29-31 cm

Poids : 54-56 g

Son portrait

La silhouette du grosbec est massive et il y a une légère différence entre les deux sexes. La tête du mâle est majoritairement rousse. Il a une petite bavette noire et un collier grisâtre. Les ailes sont bleu-noir, avec une bande blanc-roux. La femelle a la tête moins rousse, du gris sur les ailes et une bavette plus petite. L'un et l'autre ont un bec énorme et triangulaire.

Son bec peut exercer une pression de plus de 40 kg.

Ses yeux brun-rose donnent un regard particulier au grosbec casse-noyaux.

Son comportement

La parade nuptiale comporte plusieurs étapes. Pendant l'une des phases, le mâle s'avance vers la femelle en courbant la tête. Ce n'est pas un signe de timidité, il cherche à montrer ses belles plumes rousses. Il se retourne ensuite et expose les bandes de ses ailes. S'il n'est pas repoussé, il finira par coller son bec à celui de sa partenaire, comme s'il lui faisait un baiser.

Un collier grisâtre entoure une partie de son cou.

Son alimentation

Le grosbec aime les graines à noyau dur, les fruits à coque, mais aussi les bourgeons et les insectes (surtout en été).

Le sais-tu ?

Son bec est si puissant qu'il peut casser des noyaux de cerises, de prunes ou encore d'olives. Pour lui, décortiquer une graine est un jeu d'enfant.

Sa queue est courte.

Au jardin

Si ton jardin est arboré et que tu as aménagé une mangeoire pour les oiseaux, tu verras peut-être le grosbec parmi les visiteurs d'hiver. Dépose-lui des graines de tournesol. Il va apprécier.

L'HIRONDELLE DE FENÊTRE

Il existe plusieurs espèces d'hirondelles. Celle qui nous intéresse construit son nid sous les corniches et les avant-toits.

PEDIGREE

Nom latin : *Delichon urbicum*

Famille : Hirundinidés

PETITES HABITUDES

Chant : gazouillis monotones et roulés, un peu à la manière d'un enfant qui babille (en plus aigu).

Période de nidification : avril à septembre.

Forme du nid : structure hémisphérique faite de boue, avec une petite ouverture.

Habitat : villes et villages, falaises, gorges, proximité des points d'eau.

MENSURATIONS

Taille : 12-14 cm

Envergure : 26-29 cm

Poids : 15-23 g

★ Son portrait

L'hirondelle de fenêtre se distingue par son croupion blanc, qui contraste avec son dos bleu-noir aux reflets métalliques, et par une queue peu fourchue. Ses pattes, courtes et couvertes de petites plumes blanches, sont également caractéristiques. Il n'y a pas de différence entre les deux sexes.

Le plumage de son dos a une belle couleur bleu-noir.

Son croupion, son ventre, sa poitrine et sa gorge sont blancs.

★ Son comportement

Cet oiseau migrateur effectue un long voyage jusque chez nous pour se reproduire. Les premières hirondelles se montrent en mars-avril. Elles restent tout l'été et repartent vers l'Afrique en septembre-octobre.

Sa queue est peu fourchue.

★ Son alimentation

L'hirondelle de fenêtre ne mange que des insectes qu'elle saisit en plein vol, parfois en compagnie des martinets.

Des plumes blanches camouflent ses pattes.

★ Le sais-tu ?

L'hirondelle récolte de la boue pour construire son nid. En milieu urbain, elle a parfois du mal à en trouver. Tu peux l'aider en préparant un plateau avec de la terre limoneuse ou de l'argile humidifiée.

Le martinet n'est pas une hirondelle

Le martinet est souvent confondu avec l'hirondelle. Pourtant, il n'appartient pas à la même famille, mais à celle des Apodidés. Le plus commun est le martinet noir.

LE MERLE NOIR

Cet oiseau est un habitué des parcs et jardins.
Tu l'as certainement déjà rencontré et entendu chanter.
Si on devait le comparer à un musicien,
il serait le joueur de flûte.

PEDIGREE

Nom latin :
Turdus merula

Famille :
Turdidés

MENSURATIONS

Taille : 24-25 cm

Envergure : 34-38 cm

Poids : 80-120 g

PETITES HABITUDES

Chant : notes mélodieuses et flûtées.

Période de nidification : mars à juillet.

Forme du nid : coupe composée d'herbes sèches, de mousse et de boue.

Habitat : milieux boisés, lisières de bois et de forêt, pelouses, haies, parcs et jardins, zones urbaines.

★ Son portrait

Le mâle a un plumage noir, un bec et des cercles oculaires jaune orangé. Tu observeras par ailleurs des pattes brun foncé. La femelle est différente : brune, avec un bec sombre, des cercles oculaires plus ternes et des pattes également brunes.

Sa silhouette est élégante.

Le mâle a le bec jaune orangé.

Son plumage est noir.

Ses cercles oculaires contrastent avec ses yeux sombres.

★ Son comportement

Le merle passe beaucoup de temps au sol à rechercher sa nourriture dans l'herbe humide. Dès qu'il a repéré un lombric, il tire dessus avec son bec pour le sortir de sa galerie. Tu constateras que durant sa quête, il penche souvent la tête : il tend l'oreille pour écouter les bruits qui trahissent la présence de ses proies. Il lui arrive également de soulever les feuilles qui abritent souvent de petits invertébrés.

★ Son alimentation

Le merle mange des vers de terre, des insectes, des larves, des chenilles, des araignées, des graines, des baies et des fruits.

Quelle mouche le pique ?

Parfois, le merle se tient bizarrement sur le sol. Il étale ses ailes, gonfle son plumage et ouvre le bec. Dans cette posture, il prend un bain de soleil.

LA MÉSANGE BLEUE

Plus petite que sa cousine charbonnière, cette mésange nous enchante par la beauté de son plumage et son agilité. Elle est sans arrêt en mouvement.

PEDIGREE

Nom latin :
Cyanistes caeruleus

Famille :
Paridés

PETITES HABITUDES

Chant : ressemblant à un éclat de rire très aigu.

Période de nidification : avril à juin

Forme du nid : coupe réalisée à partir de mousse, d'herbes sèches, de feuilles, d'écorces, de poils et de plumes, dans une cavité.

Habitat : milieux boisés, haies, buissons, parcs et jardins, villes et villages humaines.

MENSURATIONS

Taille : 10-12 cm
Envergure : 17-20 cm
Poids : 9-14 g

★ Son portrait

La silhouette de la mésange est rondouillarde. Son plumage présente de magnifiques couleurs bleues et jaunes, avec des touches verdâtres, un peu de noir et de blanc. De loin, on a l'impression qu'elle porte un petit masque sur les yeux. Une tache noire étroite est présente au milieu de la poitrine. Il n'y a pas de différence entre le mâle et femelle.

Sa tête présente une calotte bleue.

Une fine barre blanche traverse ses ailes.

Ses joues et ses tempes sont blanches.

Son ventre est jaune, avec une ligne noire peu visible.

★ Son comportement

Cet oiseau familier des jardins vient volontiers se nourrir dans les mangeoires. À l'origine, la mésange fréquentait plutôt les milieux forestiers, mais elle s'est habituée à l'homme. Peu craintive, elle se laisse approcher, tout en conservant une certaine distance de sécurité.

★ Son alimentation

La mésange se nourrit d'insectes, de larves et d'autres petits invertébrés, mais aussi de graines, de baies et de fruits.

★ Le sais-tu ?

Les mangeoires où la mésange peut s'agripper dans les airs sont ses préférées.

C'est bon pour elle !

Si tu souhaites donner à manger à la mésange bleue pendant l'hiver, installe des boules de nourriture suspendues. Elles contiennent un mélange de graisse et de graines qui lui convient parfaitement. Tu peux les fabriquer avec de la margarine ou t'en procurer dans les magasins spécialisés.

LE MOINEAU DOMESTIQUE

On le dit domestique parce qu'il est très présent en milieu urbain où il trouve une abondante nourriture. Peu farouche, ce moineau ne craint pas la présence humaine.

PEDIGREE

Nom latin : Passer domesticus

Famille : Passéridés

PETITES HABITUDES

Chant : pépiements monotones.

Période de nidification : avril à août.

Forme du nid : dôme avec une entrée latérale dans la végétation, coupe dans les cavités.

Habitat : villes et villages, fermes, terres agricoles, parcs et jardins.

MENSURATIONS

Taille : 13-15 cm

Envergure : 20-22 cm

Poids : 20-25 g

★ Son portrait

Le mâle, plus coloré en période nuptiale, présente un dos brun strié de noir. La poitrine et le ventre sont gris. Sur ses ailes, tu verras une barre blanche. Sa calotte gris bordé de marron contraste avec ses joues plus ou moins blanches. La partie située entre la base du bec et les yeux est noire (couleur que l'on retrouve sur le menton et la gorge). Le plumage de la femelle est plus sobre.

Le mâle a un plumage plus vif...

... et une bavette noire, bien visible au printemps.

Le dessous de l'oiseau est grisâtre.

Son bec est conique.

★ Son comportement

Les moineaux domestiques vivent en bandes. En automne et en hiver, les oiseaux se regroupent dans des dortoirs (un arbre, par exemple) et se serrent les uns contre les autres pour résister au froid. Ils sont alors particulièrement bruyants.

★ Son alimentation

Le moineau se nourrit de tout ce qu'il trouve : graines, insectes, petits invertébrés, larves, mie de pain, baies, fruits, bourgeons… C'est un opportuniste.

★ Le sais-tu ?

En été, les moineaux adorent prendre des bains. Parfois, ils s'ébrouent dans les flaques d'eau.

Prendre soin des oiseaux

Autrefois très commun lorsqu'il y avait beaucoup d'élevages et des chevaux, le moineau domestique est aujourd'hui une espèce en fort déclin, comme beaucoup d'autres oiseaux.

LE PIC VERT

Tous les oiseaux sont magnifiques, mais le pic vert a quelque chose en plus, avec ses splendides couleurs et sa silhouette fuselée. Un bijou de la nature !

PEDIGREE

Nom latin :
Picus viridis

Famille :
Picidés

PETITES HABITUDES

Chant : ricanements sonores.

Période de nidification : mai à juillet.

Forme du nid : cavité dans un arbre.

Habitat : lisières des forêts, bocages, haies arborées, vergers, parcs.

MENSURATIONS

Taille : 30-33 cm

Envergure : 40-43 cm

Poids : 180-230 g

★ Son portrait

Avec son plumage vert et jaune et sa tête coiffée de rouge, le pic vert ressemble à une espèce exotique. Pourtant, c'est bien un oiseau d'Europe. Chez le mâle, une tache rouge entourée de noir dessine une moustache (elle est totalement noire chez la femelle). Quel que soit le sexe, le croupion est jaune-vert et le bec long et pointu.

Le dessus de l'oiseau est vert.

Sa tête présente une calotte rouge vif.

★ Son comportement

Pendant la période de reproduction, le pic vert creuse une loge dans le tronc d'un arbre au bois tendre. C'est généralement le mâle qui effectue cette tâche pour que la femelle puisse pondre ses œufs. Contrairement à d'autres pics, il tambourine rarement pour communiquer avec ses semblables.

Ses yeux sont blancs.

La couleur des moustaches permet de distinguer le mâle de la femelle.

★ Son alimentation

La nourriture favorite du pic vert est la fourmi, à tous les stades de développement. Il lui arrive aussi de manger d'autres invertébrés, des graines et des baies.

★ Le sais-tu ?

La langue du pic vert est longue et visqueuse. Elle lui permet d'extirper les insectes de leur cachette.

Incroyable, mais vrai !

Un photographe anglais a surpris une belette sur le dos d'un pic vert en plein vol ! Contrairement à ce que l'on pourrait croire, l'animal ne voulait pas voyager gratis. Il s'est jeté sur l'oiseau dans l'intention de le dévorer et a été embarqué.

LA PIE BAVARDE

La pie criaille plus qu'elle ne chante et chipe parfois nos affaires. Ce n'est pas une raison pour lui jeter la pierre. C'est un oiseau fascinant à observer.

PEDIGREE

Nom latin : *Pica pica*

Famille : Corvidés

PETITES HABITUDES

Chant : criard et répétitif.

Période de nidification : avril à juin.

Forme du nid : structure imposante de branchettes et de boue, surmontée d'un dôme de protection.

Habitat : bocages, haies, zones agricoles, parcs et jardins, milieux urbains...

MENSURATIONS

Taille : 45-50 cm

Envergure : 54-60 cm

Poids : 200-250 g

★ Son portrait

Facilement reconnaissable grâce à son plumage noir et blanc, la pie présente des reflets métalliques sur les ailes et la queue qui est particulièrement longue. La forme de la tête, caractéristique de celle des Corvidés, se termine par un bec pointu et puissant. Mâle et femelle sont semblables.

On ne peut confondre la pie avec aucun autre oiseau.

★ Son comportement

Même si elle n'en donne pas toujours l'impression, la pie reste vigilante en permanence. Inutile de chercher à la surprendre en arrivant sur la pointe des pieds ou à plat ventre, elle te repérera rapidement et lancera des cris d'alerte pour prévenir ses congénères.

Son plumage est majoritairement noir et blanc.

★ Son alimentation

À son menu, des vers, des insectes, des larves, des mollusques, des graines, des fruits, des œufs, des oisillons, mais aussi des charognes et des déchets.

Déployée, sa queue a une forme graduée.

★ Le sais-tu ?

Quand elle évolue sur le sol, la pie redresse la queue et fait des bonds, ce qui lui donne une démarche quelque peu comique.

Son bec est puissant.

Une vraie voleuse ?

Selon une croyance, la pie raffole de tout ce qui brille. Lorsqu'elle trouve un objet qui lui plaît (une pièce de monnaie, par exemple), elle s'en empare et l'emporte dans son nid.

LE PIGEON RAMIER

Également connu sous le nom de palombe, ce pigeon en impose par sa taille et son joli plumage. Rien à voir avec le pigeon des villes, dont on a parfois l'impression qu'il est malade.

PEDIGREE

Nom latin : *Columba palumbus*

Famille : Columbidés

PETITES HABITUDES

Chant : roucoulements répétés.

Période de nidification : avril à septembre.

Forme du nid : plate-forme de brindilles entremêlées.

Habitat : milieux boisés, futaies, lisières de forêt, zones cultivées, parcs, villages.

MENSURATIONS

Taille : 40-45 cm

Envergure : 75-80 cm

Poids : 480-530 g

Son portrait

Quel que soit le sexe de l'oiseau, la robe est gris-bleu et la poitrine rosée. De chaque côté du cou, tu remarqueras une tache blanche. En vol, le pigeon ramier montre un croissant blanc sur les ailes et une bande sombre sur la queue. Les yeux sont jaunes.

Son dos est gris-bleu.

De chaque côté du cou, son plumage comporte une tache blanche.

Son comportement

En dehors de la période de reproduction, les pigeons ramiers se rassemblent souvent en très grand nombre, jusqu'à plusieurs centaines d'individus. Pendant la saison des amours, ils forment des couples fidèles.

La base de son bec présente une couleur rougeâtre.

Son alimentation

Le pigeon mange surtout des graines, de jeunes pousses, des bourgeons, des feuilles, des baies et des fruits.

Sa poitrine est rosée, plutôt pourpre vers la gorge.

Le sais-tu ?

Le pigeon ramier nourrit ses petits avec du lait de jabot, matière que l'oiseau régurgite, riche en protéines et en graisse.

Miam-miam, du gravier !

Pour digérer les graines, les pigeons avalent des petits cailloux. Les graines sont ainsi broyées dans leur gésier.

LE PINSON DES ARBRES

Bien répandu sur notre territoire, cet oiseau fréquente de nombreux milieux, dont les parcs et les jardins. Il vient souvent picorer les graines au pied des mangeoires.

PEDIGREE

Nom latin :
Fringilla coelebs

Famille :
Fringillidés

PETITES HABITUDES

Chant : sonore, rythmé, répétitif, avec des notes descendantes.

Période de nidification : avril à juillet.

Forme du nid : coupe profonde et soignée, composée de divers matériaux assemblés avec de la toile d'araignée (herbes, mousse, lichen...).

Habitat : milieux boisés, bosquets, haies, parcs et jardins, vergers, villes et villages.

MENSURATIONS

Taille : 13-15 cm

Envergure : 25-28 cm

Poids : 19-24 g

★ Son portrait

Le mâle est coloré, avec des teintes allant du gris bleuté au brun noisette, en passant par le rose vineux ou orangé, le noir, le blanc et le verdâtre. Son bec est bleu acier en été et brun-gris en hiver. Le plumage de la femelle tire plus sur le camaïeu, avec un bec brun toute l'année.

Le mâle a une robe resplendissante.

★ Son comportement

Perché sur une branche, le pinson des arbres passe beaucoup de temps à chanter. Et ses vocalises, répétées sur un rythme endiablé, ne laissent pas le promeneur indifférent. Il comprend mieux l'expression « être gai comme un pinson ».

En hiver, sa tête se colore de brun.

★ Son alimentation

Le pinson mange des graines, des bourgeons, des baies et des fruits. Il lui arrive également de capturer des insectes et d'autres petits invertébrés.

Chez les deux sexes, les ailes présentent des barres blanches.

★ Le sais-tu ?

Les populations qui vivent dans le nord et l'est de l'Europe effectuent des migrations pour hiverner dans des pays à la météo plus clémente, dont la France.

Son bec est conique.

L'origine du nom

Carl von Linné a baptisé cet oiseau *Fringilla coelebs*. En latin, *coelebs* signifie célibataire. Le naturaliste avait en effet remarqué que, dans son pays (la Suède), les femelles abandonnaient les mâles en hiver pour migrer.

LE ROUGEGORGE FAMILIER

Cet oiseau fréquente volontiers nos jardins. Comme le moineau, une fois habitué à la présence de l'homme, il devient si familier qu'il n'hésite pas à s'approcher.

PEDIGREE

Nom latin : *Erithacus rubecula*

Famille : Muscicapidés

PETITES HABITUDES

Chant : mélodieux et varié, avec des tonalités aiguës.

Période de nidification : avril à juin.

Forme du nid : coupe d'herbes sèches, de feuilles et de mousse, souvent dans une cavité.

Habitat : milieux boisés, bosquets, haies, bocages, rives buissonnantes, parcs et jardins, villes et villages.

MENSURATIONS

Taille : 12-14 cm

Envergure : 20-22 cm

Poids : 16-22 g

Son portrait

C'est un passereau à la silhouette rondouillarde, avec un plastron et une gorge orange, sur fond gris clair. Le ventre est blanc. Le dos, les ailes et la queue sont de couleur brune. Une autre caractéristique : de grands yeux ronds et noirs. Mâle et femelle se ressemblent.

Sa gorge est rouge orangé, d'où le nom de rougegorge.

Son comportement

Défendre son territoire est pour lui une question de survie. Lorsqu'un rival pointe le bout du bec, le rougegorge cherche d'abord à l'intimider, en lui faisant face. S'il persiste, le combat est inévitable et se termine parfois mal.

Au repos, sa silhouette est en forme de boule.

Son alimentation

Le rougegorge se nourrit principalement de vers, d'insectes, de larves, de petites limaces et d'araignées qu'il recherche en sautillant sur le sol, mais il ne dédaigne pas les graines, les fruits et les baies.

Ses yeux noirs sont adaptés à la pénombre des sous-bois.

Le sais-tu ?

Les mâles sont très agressifs. Lors des affrontements, ils se donnent de violents coups d'ailes, de griffes et de bec. Tu les verras aussi faire des roulades sur le sol.

Ses pattes sont fines.

Plus d'oiseaux en hiver

En France, le rougegorge est plutôt sédentaire, mais ses populations augmentent nettement en hiver par un afflux d'individus provenant du nord de l'Europe.

LE SERIN CINI

Le serin cini n'est pas aussi coloré que le serin des Canaries, mais il a beaucoup de charme, surtout pendant la saison des amours où le mâle présente ses plus beaux atours.

PEDIGREE

Nom latin : Serinus serinus

Famille : Fringillidés

PETITES HABITUDES

Chant : gazouillis aigu et rapide, avec des notes grinçantes.

Période de nidification : avril à juillet.

Forme du nid : petite cuvette de brins d'herbe, radicelles, mousse et lichen, garnie de poils, duvet et crins.

Habitat : pinèdes, lisières, grandes haies, vergers, vignes, parcs et jardins, villages.

MENSURATIONS

Taille : 11-12 cm

Envergure : 18-20 cm

Poids : 10-14 g

★ Son portrait

Le plumage est à dominante jaune verdâtre. Le dos et les flancs présentent des stries. Le front, la poitrine et une partie des joues sont jaune vif. Si tu regardes l'oiseau de profil, tu verras une forme de croissant de chaque côté de la tête. Cela vient du fait que les sourcils descendent jusqu'au cou. La femelle se distingue par des couleurs moins vives et des stries plus présentes.

★ Son comportement

Au printemps, le mâle entame sa parade nuptiale. Il se tient près de sa partenaire, chante fortement, abaisse ses ailes et relève la queue. Il effectue également des vols démonstratifs dans les airs. Une fois la femelle séduite, l'accouplement a lieu.

★ Son alimentation

Le serin cini se nourrit principalement de petites graines, de bourgeons et de jeunes pousses, parfois d'insectes (surtout en été).

★ Le sais-tu ?

Pour échapper au grand froid, les populations nordiques migrent vers le sud. Ce qui explique que le nombre de serins est plus important en automne et en hiver dans les régions méditerranéennes.

Un méridional

Jadis, le serin cini n'était pas présent dans toutes nos régions. On le rencontrait surtout dans le Midi. Son aire de répartition s'est élargie et on le trouve désormais un peu partout.

LE TARIN DES AULNES

Ce passereau ressemble au serin cini et au verdier d'Europe. Il côtoie ce dernier dans les mangeoires. Ouvre l'œil et sois discret ! Tu auras peut-être la chance de pouvoir l'observer.

PEDIGREE

Nom latin : Spinus spinus

Famille : Fringillidés

MENSURATIONS

Taille : 11-12 cm

Envergure : 20-23 cm

Poids : 10-14 g

PETITES HABITUDES

Chant : gazouillis aigu et perçant, avec un motif final vibrant.

Période de nidification : avril à juin.

Forme du nid : coupe de matériaux végétaux finement tressés, garnie de radicelles, crins et duvet.

Habitat : milieux boisés avec des conifères, bords des cours d'eau riches en aulnes, bosquets, parcs et jardins.

Son portrait

Les deux sexes ne sont pas identiques. Le plumage du mâle, à dominante vert-jaune, est plus coloré. Tu constateras également qu'il a une calotte et une bavette noires. Il est par ailleurs moins strié que la femelle, à la robe brun-gris.

Sa silhouette est relativement trapue.

Son comportement

Très actif, le tarin des aulnes passe beaucoup de temps à rechercher sa nourriture. Et il adopte de drôles de positions pour l'atteindre, tel un acrobate. Parfois, tu le verras à l'envers, au bout d'une branche, en train de manger des graines qu'il prélève avec son bec pointu.

Le mâle porte une calotte noire.

Son alimentation

C'est un granivore. Ses aliments préférés sont donc les graines qu'il trouve dans les épicéas, les pins, les bouleaux, les aulnes...

Son plumage est jaune-vert.

Le sais-tu ?

C'est en hiver que tu as le plus de chance de voir le tarin des aulnes s'approcher de ta mangeoire. Lorsqu'il vient, il n'est jamais seul.

La forme de son bec convient parfaitement pour décortiquer les graines.

De passage

Le tarin des aulnes niche rarement chez nous. C'est un migrateur de passage qui vient hiverner. Il arrive vers septembre et repart en mars-avril.

LA TOURTERELLE TURQUE

Autrefois, cette espèce était peu répandue chez nous. Dans les années 1950, elle a commencé à nidifier, puis à se répandre dans toutes les régions de France.

PEDIGREE

Nom latin : *Streptopelia decaocto*

Famille : Columbidés

PETITES HABITUDES

Chant : roucoulements à trois syllabes.

Période de nidification : mars à octobre, voire toute l'année.

Forme du nid : mince plate-forme de brindilles et de tiges.

Habitat : milieux boisés ou semi-désertiques, bocages, proximité des fermes, parcs et jardins, villes et villages.

MENSURATIONS

Taille : 31-33 cm

Envergure : 47-55 cm

Poids : 170-240 g

★ Son portrait

Son plumage, plus clair et plus uniforme que celui de la tourterelle des bois, présente une couleur sable, avec des nuances de gris sur les ailes et la queue. Sa poitrine est légèrement rosée. Elle a un demi-collier noir souligné de blanc sur la nuque. Mâle et femelle sont identiques.

★ Son comportement

La tourterelle turque vit en couple. Tu verras souvent des tourterelles voler de toit en toit ou se tenir sur une antenne. En les observant, tu remarqueras que les deux partenaires sont très attentionnés. Ils se lissent fréquemment le plumage. En revanche, les conflits entre mâles ne sont pas rares.

★ Son alimentation

La tourterelle se nourrit de graines, de bourgeons, de jeunes pousses et de baies, parfois d'insectes.

★ Le sais-tu ?

Comme le pigeon, la femelle nourrit ses petits avec du « lait » de jabot, très nourrissant.

Sa silhouette est gracile.

Son plumage présente des nuances subtiles.

Ses yeux, rouge profond, sont cerclés de blanc.

La tourterelle se laisse facilement observer.

Peu farouche !

Lors de son expansion, la tourterelle turque s'est surtout installée à proximité des hommes, dans les agglomérations et les zones agricoles où elle trouvait facilement de quoi manger.

LE VERDIER D'EUROPE

Avec le changement des pratiques agricoles, cet oiseau à tendance à se rapprocher des hommes. Tu pourras l'attirer facilement avec des graines.

PEDIGREE

Nom latin : *Chloris chloris*

Famille : Fringillidés

PETITES HABITUDES

Chant : gazouillis complexe se terminant par des trilles vibrants.

Période de nidification : avril à juillet.

Forme du nid : coupe volumineuse d'herbes sèches, de tiges et de mousse, avec une garniture plus douillette.

Habitat : lisières des forêts, milieux buissonnants, bocages, parcs et jardins, vergers, villes et villages.

MENSURATIONS

Taille : 15-16 cm

Envergure : 25-27 cm

Poids : 25-34 g

★ Son portrait

Dans l'ensemble, le plumage est vert olive. Les ailes sont grises, avec des liserés jaunes. La queue présente des bordures jaunes. Entre la base du bec et les yeux, il y a ce que l'on appelle des lores. Chez le verdier, elles sont brunes. La femelle est plus terne que le mâle.

Son plumage est vert olive.

Son bec, rose pâle, a une forme conique.

Devant ses yeux, se dessine une tache sombre.

Sa queue, en partie jaune, est légèrement fourchue.

★ Son comportement

Le verdier d'Europe est un habitué des jardins. C'est un gros mangeur. Avec ses congénères, il est capable de vider une mangeoire en un rien de temps. Lorsqu'un rival s'approche trop près, il prend une posture d'intimidation en ouvrant le bec et en déployant ses ailes. Le message est clair : « Gare à toi ! »

★ Son alimentation

Il consomme surtout des graines, des baies, des petits fruits et réserve les insectes pour ses petits.

★ Le sais-tu ?

Chez nous, le verdier est plutôt résident, mais quand le froid devient trop vif, les populations situées au nord migrent vers des régions plus clémentes.

La nidification

Les verdiers se rassemblent par petits groupes (jusqu'à six couples) pour nicher, mais chacun défend son espace. Ils choisissent souvent un conifère à la végétation dense, comme le thuya, pour y installer leur nid.

Texte : Michel Luchesi
Illustrations : Maud Bihan

Direction : Guillaume Pô
Direction éditoriale : Élisabeth Pegeon
Édition : Julie Parpaillon, Frédérique Chavance, Liza Person-Lisiecki
Direction artistique : Isabelle Mayer
Mise en pages : Delphine Guéchot
Direction de fabrication : Thierry Dubus
Fabrication : Marie Dubourg

1re édition – N° d'édition : 24L0675
ISBN : 978-2-8153-2271-3
Code MDS : RU18044N1

FSC www.fsc.org MIXTE Papier | Pour une gestion forestière responsable FSC® C164501

Ce livre est imprimé avec des encres à base végétale et est composé
de matériaux issus de forêts gérées de façon responsable, certifiées FSC®
et d'autres sources contrôlées.

Achevé d'imprimer en avril 2024 en Chine